AF332256

LES FONDEMENTS DE L'ÉDUCATION MORALE

POUR UN LIBRE PENSEUR [1]

———

M. Louis-Germain Lévy [2], *président*. — Il y a des libres penseurs qui se croient d'autant plus libres qu'ils n'ont jamais pris la peine de penser, et il y a des croyants qui se plantent d'autant plus sûrement dans leur foi qu'ils ne l'ont jamais véritablement approfondie. Je pose en principe que c'est la pensée qui fait la liberté : plus on pense, plus on est libre. Mais qu'est-ce que penser : c'est aller au fond des questions, c'est tâcher de les saisir sous leurs multiples aspects et dans leurs nombreux rapports. Dans la mesure où ils ne pensent point, les libres penseurs et les croyants sont également superficiels, simplistes, matérialistes, idolâtres, sectaires, se heurtent et se bousculent. Au contraire, ceux qui analysent les éléments et les fondements de leurs convictions, ceux-là se rapprochent et communient dans leur confiance en la suprématie de l'Esprit.

C'est dans cette confiance que nous nous réunissons ici et que j'ai l'honneur et la fière joie de donner la parole à M. Gustave Belot.

M. Gustave Belot. — Bien qu'il soit déplaisant de commencer par parler de soi, je ne crois pas pouvoir faire mieux comprendre la position que j'ai adoptée en morale il y a déjà plus de quarante ans, qu'en vous disant comment j'y ai été amené. Ce n'est nullement comme philosophe que j'ai cru devoir écarter la métaphysique de la Morale : je ne suis en aucune façon un ennemi né de la métaphysique, et au

———

(1) Conférence donnée le 31 janvier 1926 dans la salle de l'Ecole des Hautes Etudes sociales par M. Gustave Belot, inspecteur général de l'Enseignement secondaire.
(2) Rabbin de l'Union libérale israélite.

point de vue de la pensée pure, je ne suis point du tout incapable de sympathiser avec une façon de penser comme celle que M. Le Senne vous exposait il y a quelques jours, ou comme celle que nous connaissons aussi chez M. Laberthonnière ou M. Ed. Le Roy. Si j'ai écarté la métaphysique, c'est dans une certaine mesure comme le savant l'écarterait de la science. Lorsque je me suis vu, encore très jeune, alors que mes opinions philosophiques étaient bien loin d'être arrêtées, obligé professionnellement d'enseigner la Morale, je sentis vivement ma responsabilité vis-à-vis des jeunes gens qui m'étaient confiés, et je ne me crus pas le droit d'engager leur conscience (je dis leur conscience et non pas leur intelligence) dans une voie où je savais bien que je ne pourrais leur donner une certitude. La foi sur laquelle je ne voulais pas faire reposer la morale n'était pas encore loin de me paraître défendable et peut-être vraie. Mais je savais, par la manière même dont elle m'avait été enseignée, qu'elle n'était pas susceptible de preuve. Dès lors il me semblait qu'il y avait non seulement une espèce d'improbité intellectuelle à la présenter comme le fondement nécessaire de la morale, mais qu'il y avait à le faire un réel danger moral ; et mon expérience ultérieure n'a pu que me confirmer dans cette appréhension : solidariser la foi morale nécessaire avec une foi métaphysique ou religieuse caduque, c'était évidemment, me semblait-il, aventurer la première dans les chances de ruine de la seconde. Et tandis qu'il y a toujours possibilité de maintenir une conscience et une conduite dans la voie droite, si l'on ne les fait pas dépendre d'autre chose, il peut devenir impossible de restaurer la foi religieuse ou même philosophique lorsqu'elle s'est effondrée.

C'est donc comme éducateur et comme professeur, non pas comme philosophe que j'ai cru, non seulement pouvoir, mais devoir rigoureusement affranchir la Morale de toute dépendance à l'égard de dogmes quelconques placés hors des prises d'une justification positive. Peut-être certains m'accuseront-ils de faire ici du pragmatisme, puisque c'est au nom d'un intérêt pratique que j'ai adopté l'attitude que j'expose. Mais n'est-ce pas en revanche mes adversaires qui seraient en peine de repousser l'accusation d'intellectualisme étroit, s'ils s'exposent à sacrifier les intérêts de la conscience à une satisfaction, en somme, tout intellectuelle, celle de *fonder* la morale à un point de vue théorique. Les positions sont donc ici tout à fait inverses de ce qu'on pense d'habitude, puisque c'est moi que le plus souvent on critique comme trop « rationaliste », comme méconnaissant les intérêts de la conscience au profit d'une exigence trop rigoureuse de l'esprit ; tandis qu'à mon sens ce sont mes adversaires qui courent après une satisfaction toute philosophique, au risque de compromettre la stabilité et la solidité de l'éducation morale.

．·

Le paradoxe de cette situation résulte en réalité de ce que ma conception de la morale est relativement nouvelle, tandis que l'autre a pour elle son ancienneté; et c'est ce qui fait que je parais ébranler la morale *existante*, tandis que ceux qui me combattent semblent avoir une morale mieux *fondée*, parce qu'elle est non pas mieux justifiée aux yeux de la critique, mais simplement cristallisée en habitudes. Ma conviction profonde, que j'essayerai de vous faire partager, c'est que la morale positive ne rencontrerait pas de difficulté grave, et que son efficacité ne serait pas mise en doute, si elle ne trouvait la place occupée par un autre système de croyances et d'habitudes.

C'est pourquoi aussi, ayant à vous dire comment je conçois les fondements de la morale, je ne pourrai pas, comme je l'eusse désiré, éviter la polémique. La Morale positive s'établirait pour ainsi dire toute seule, en raison de sa nature même; mais on est obligé de lui conquérir le champ libre, et de montrer que les autres solutions sont en réalité beaucoup moins solides qu'on ne le croit. Cette polémique, je le reconnais, a quelque chose de déplaisant: on a l'air de vouloir évincer, par esprit de parti les « beati possidentes ». Mais si leur possession d'état n'est pas solide, ne faut-il pas montrer qu'en réalité il resterait, après leur disparition, quelque chose de plus solide que ce qu'ils se figurent sauver ?

．·

Qu'est-ce donc que « fonder » la morale et qu'y a-t-il sous cette expression aussi obscure que banale? Il me semble qu'on peut distinguer trois sens de ce terme, trois problèmes très différents sans cesse confondus dans les discussions qui s'élèvent sur ce point.

1º On peut se demander d'abord comment s'explique l'existence même d'une morale, comment la morale s'intègre à notre philosophie de l'Univers.

2º On peut se demander en second lieu comment on déterminera les règles de la morale, et sur quels principes se fonde la *Régulation* proposée.

3º On peut enfin poser une question d'ordre plus directement pratique : comment déterminera-t-on la volonté à observer les règles ainsi posées? Cette troisième question porte donc sur la *Motivation*, et j'ai montré ailleurs la nécessité de bien distinguer ce problème de celui de la Régulation.

J'examinerai à ces trois points de vue la question du fondement de la Morale, d'abord dans une partie critique, puis dans la partie positive.

I. — Partie Critique

1° Qu'est-ce d'abord, au premier sens, que fonder la Morale ?
C'est en somme faire, sur le terrain métaphysique, un ensemble
d'hypothèses tel qu'elles expliqueraient qu'il y ait une morale. C'est
ce qu'on comprendra mieux en se reportant à la même question
concernant la Science. Par exemple, en admettant l'immutabilité de
Dieu et sa Véracité, Descartes *fonde* notre croyance à la réalité
indépendante du monde extérieur, et la confiance du savant dans la
stabilité des lois de la Nature. Des exemples analogues pourraient
être empruntés à la philosophie de Kant. Kant pose comme une
chose acquise la physique de Newton et la géométrie d'Euclide, et
il se demande comment peut s'expliquer le succès de ces formes de
la science. On m'excusera de ne pas développer davantage ici ces
exemples et d'autres analogues, que fourniraient presque tous les
grands systèmes de philosophie modernes.

Pour la Morale, Kant pose la question exactement de la même
manière : il y a une morale, et elle implique avant tout, pense-t-il,
l'idée d'une Loi morale absolue, du Devoir. Comment pouvons-
nous comprendre qu'un être fini et imparfait connaisse, accepte et
puisse pratiquer une telle Loi ? L'ensemble des réponses qu'il donne
à cette question constitue, dans son système le fondement de la
Morale.

La satisfaction que se donne ainsi le philosophe est on ne peut
plus légitime. Mais il faut bien en mesurer la nature et la portée.

C'est en réalité, comme je l'ai déjà laissé entendre, une satisfaction d'ordre tout théorique et intellectuel. Or on raisonne
constamment comme si, par de telles théories on avait *fait exister*
la science ou la morale, et comme si, par conséquent, en les
abandonnant, on les réduisait au néant. J'ai vu en fait, au cours de
mes années d'enseignement, des gens très instruits, trop instruits,
convaincus que parce que j'abandonnais le Kantisme et sa
conception du Devoir, je supprimais le Devoir et la Morale mêmes.
C'est aussi absurde que d'imaginer que nos philosophies et notre
science font exister le Monde lui-même.

En réalité, personne ne croit à ces thèses, présentées comme le
fondement de la Science ou de la Morale aussi fort qu'à la Science
et à la Morale elles-mêmes. Cela est de toute évidence, puisque s'il
ne croyait pas *d'abord* à la Science et à la Morale, il n'aurait plus
aucune raison de croire à ces hypothèses ni de les construire.

L'expérience et l'histoire de la pensée humaine justifient pleine-
ment cette observation. Car on voit que, dans l'un et l'autre
domaine, c'est le progrès interne de la science ou de la morale qui
fait craquer constamment les cadres dans lesquels on avait tout
d'abord cru pouvoir les enserrer. C'est ce que, pour la science,

M. L. Brunschvicg a montré fortement dans son beau livre sur l'Expérience Humaine et la Causalité. L'espace euclidien avec ses trois dimensions n'a plus, en particulier depuis Einstein le caractère absolu que Newton leur attribuait. De même, c'est en réalité le progrès de la conscience qui a obligé l'humanité à modifier peu à peu ses idées sur la divinité, fait disparaître les sacrifices humains, renversé les Dieux immores x du paganisme, et fait disparaître chez certains chrétiens l'idée de peines infernales éternelles.

2º Fonder la Morale, ce serait en second lieu déduire la Régulation morale de notre conception des choses, intégrer la morale à l'Univers, ou au Principe premier de l'univers.

En réalité, personne n'a jamais pu montrer le comment de cette intégration, ni tirer de notre connaissance de l'univers (pris dans son ensemble) la détermination des règles auxquelles l'homme doit obéir.

Nous plaçons-nous au point de vue du réel? Tout ce que nous faisons, quoi que ce soit, s'intègre nécessairement à l'univers, puisqu'il y prend place, le mal comme le bien. Si l'Univers, comme le veut Spinoza, est un bloc rigoureusement déterminé, et pour ainsi parler, parfaitement plein, le mal y est nécessaire comme le Bien, le loup aussi bien que l'agneau. Il n'y a pas lieu à un choix: il n'y a pas de place pour un possible autre que ce qui est.

Passons-nous à une philosophie qui, au contraire, voit dans la Nature une force sans cesse en travail, capable de continuels renouvellements, et comportant une « Evolution créatrice? » La situation semble un peu meilleure pour la morale, qui, au moins y devient possible. Mais elle n'en est pas plus déterminée pour cela. Nous n'arrivons pas à intégrer la morale humaine à ce mouvement universel, pas plus que les théologiens ne sont capables de définir les « desseins de la Providence ». Des formules de ce genre sont irrémédiablement condamnées à rester purement verbales et à ne comporter aucune application précise.

Vouloir rendre la morale Cosmique, c'est en réalité la faire évanouir en tant que morale, supprimer toute confiance dans la distinction du bien et du mal. L'immensité que notre science actuelle attribue à l'Univers, dans l'espace comme dans le temps, rend la chose encore plus frappante qu'elle ne pouvait l'être lorsque le monde était réduit à de mesquines dimensions et que l'homme pouvait s'en croire le centre et la raison d'être. En tout cas, de cet Univers, nous ne pouvons ni saisir l'ensemble en tant que réalité donnée, ni encore bien moins concevoir ou définir les fins absolues. Comment dès lors pourrait-on y déterminer avec la moindre précision et la moindre certitude la façon dont la morale s'y intégrerait? Que l'on veuille bien considérer, par exemple, combien sont précaires, disons arbitraires, les conclusions qu'on a voulu tirer.

dans l'ordre moral, des théories transformistes, qui pourtant n'ont la prétention d'exprimer qu'une faible partie du mouvement universel des choses !

L'histoire, de nouveau, vérifie cette critique : Jamais, vous entendez bien, jamais on n'a effectivement *déduit* les règles d'une morale de la notion, quelle qu'elle soit, du Principe premier des choses. Que voyons-nous, par exemple, dans le récit Biblique de la Révélation du Décalogue ? L'autorité de Iaveh est appliquée, du dehors, à un certain nombre de préceptes, mais ceux-ci sont simplement juxtaposés les uns aux autres. Ils ne sont ni déduits de l'idée de la Divinité, ni rattachés les uns aux autres par un lien organique ; il n'y a là, pour emprunter des termes platoniciens, ni Methexis à l'égard du principe, ni Koinônia entre les préceptes.

Jamais les religions n'ont fait autre chose que consacrer par le prestige religieux la morale du temps ou du milieu où elles apparaissaient ; elles n'ont jamais imaginé de règles morales nouvelles ; dans la mesure où elles proposaient des règles qui leur fussent propres, ces règles, proprement rituelles, se sont révélées étrangères à la morale proprement dite. C'est en ce sens que j'ai pu écrire que la morale a toujours au fond été laïque : c'est la morale commune de leur milieu qui s'est imposée aux religions.

C'est ce que vérifierait nettement l'aspect négatif de la question : c'est que d'une métaphysique ou d'une religion données, considérées dans leur principe le plus général, on a pu déduire les conséquences les plus opposées, tant il est vrai qu'une telle déduction ne saurait avoir aucune précision ni aucune sûreté. Il n'est pas d'aberration qu'on n'ait tirée, par exemple, de certaines croyances religieuses ; témoins les cultes orgiastiques. Les Mormons justifiaient par la Bible la polygamie, d'autres le communisme, etc. De l'Ecriture sainte Bossuet tirait une politique d'absolutisme ; nos protestants d'aujourd'hui y trouvent la justification de la démocratie.

Il est clair que, si l'on veut s'appuyer sur la notion du divin, je pourrai toujours opposer à n'importe quelle loi *ma* conception de la divinité tandis qu'on m'en opposera une autre, sans que rien nous permette de trancher la question. Nous pourrions rappeler également ici la fameuse thèse de Bayle, quand il se demandait si l'athéisme ne serait pas préférable à une mauvaise religion.

De tout cela il résulte évidemment que loin de déterminer la morale, la religion est toujours finalement jugée par la morale, et non pas inversement.

Il est clair en tout cas que non seulement les règles très particulières, mais les lignes générales de la morale, dans un temps et un milieu donnés ne peuvent dériver que de l'expérience.

3o Enfin, au troisième point de vue, fonder la morale ce serait déterminer la Motivation morale, faire accepter par la volonté la règle morale et obtenir qu'elle soit pratiquée. La question que je me suis entendu poser jusqu'à satiété dans certains milieux, et par exemple, par mon regretté ami P. Bureau, peut en effet se résumer ainsi : « Votre morale est excellente dans sa Régulation ; nous n'en souhaitons pas d'autre. Mais enfin elle n'existe que sur le papier ; ce n'est qu'un programme. *Au nom de quoi* l'imposerez-vous ? » Cet « au nom de quoi » est une formule tout à fait caractéristique ; la bien comprendre et y répondre c'est aller vraiment au fond du problème ; et c'est peut-être sur ce point qu'est le véritable débat entre la morale laïque et la morale religieuse.

La première réponse à faire à cette question paraîtra peut-être audacieuse, mais c'est sans doute la plus vraie et la plus profonde : « Au nom de rien ». L'idée qu'il faille invoquer « un nom » pour obtenir l'obéissance à une règle est bien caractéristique d'une certaine mentalité. Elle implique que la règle ne peut être obéie qu'en vertu d'*autre chose* que de sa valeur même. Mais c'est justement ce qu'il y a de plus contestable ! Si je reconnais que deux et deux font quatre ou que les trois angles d'un triangle valent deux droits, je ne me demande pas « au nom de quoi » je l'affirmerai. Si je reconnais qu'une règle morale est bonne, salutaire, etc. (et on commence par nous l'accorder) je n'ai pas non plus à me demander « au nom de quoi » je l'observerai : au nom de cette excellence même, et cela suffit. Tout autre motif serait artificiellement superposé à celui-là, qui est le seul vrai, et je dirai plus, le seul véritablement moral. Lorsqu'Arago, à bout de démonstrations, et n'étant pas arrivé à convaincre le prince son élève que la diagonale du carré était incommensurable avec le côté, en venait à lui donner « sa parole d'honneur » qu'il en était ainsi, il quittait évidemment le terrain de la science ; il en appelait non à la raison géométrique de son élève, mais à ses sentiments de gentilhomme. Si de même, pour faire respecter un précepte moral nous invoquons autre chose que sa valeur morale elle-même, nous sortons évidemment de la même manière de la morale, nous mettons en mouvement d'autres sentiments, d'autres facultés que la conscience et l'amour du bien. Cela, presque tous les moralistes l'ont reconnu plus ou moins nettement, Kant en particulier d'une façon rigide et étroite. A la question posée, répondre comme nous l'avons fait : « Au nom de rien », c'est donc, en un sens plutôt une banalité qu'un paradoxe.

Mais, me répondra-t-on, vous méconnaissez la difficulté. Vous prenez l'exemple de vérités intellectuelles, et de vérités simples. Or justement un précepte moral s'adresse non à l'intelligence seule, mais à la volonté, et, même si la première est persuadée, il reste à décider la seconde, et c'est une tâche nouvelle, autrement difficile. Il y a beau temps qu'Aristote faisait à la théorie socratique de la vertu-science une objection toute semblable. Le « Video

meliora proboque... » d'Ovide, répété presque textuellement par
Saint Paul est chose assez banale.

Sans doute, ce sont là des vérités incontestables et capitales. J'ai
moi-même fait ressortir dans une autre étude, que la régulation et
la motivation étaient choses distinctes et posaient des problèmes
différents. Mais il reste que l'écart entre nos motifs et la reconnaissance de la règle est tout simplement la mesure de notre imperfection morale et de l'insuffisance de notre éducation. Ce n'est qu'en
raison de cette imperfection qu'il sera nécessaire de faire intervenir
des motifs « à côté », appropriés à nos faiblesses. Faire l'éducation
morale, c'est précisément faire disparaître la nécessité de ces motifs
extrinsèques, et par conséquent aussi, faire évanouir la question
même : « au nom de quoi ? »

Essayons cependant de nous rendre compte des forces motrices
qu'on peut ainsi fournir comme succédanés de la véritable force
morale déficiente. J'en trouve trois principales : l'Autorité, l'Intérêt
personnel, l'Habitude.

L'autorité, c'est cette sorte de prestige qui fait que nous sommes
prêts à obéir à ce qu'elle exige, sans lui demander de compte. Il est
clair que l'invoquer, c'est supposer la question résolue, et non pas
la résoudre. C'est une affaire d'éducation de reconnaître et
d'accepter une autorité. Autrement, il faudrait établir l'autorité de
l'Autorité, et Pascal nous montre avec force (Br. § 294) combien il
est dangereux de sonder les fondements de l'autorité. Dans l'ordre
religieux, il est clair que l'autorité divine ne me ferait rien faire si
je ne commençais par l'accepter ; et comme cette autorité n'est pas
un fait d'expérience, cela équivaut à dire que Dieu ne me ferait rien
faire si d'abord *je ne voulais pas* que Dieu fût. Ma volonté que Dieu
soit n'est donc rien d'autre qu'un aspect indirect de ma volonté
morale. On perd sans cesse de vue que, lorsque l'esprit humain
cherche ainsi un soutien à la Loi morale, c'est lui-même qui le
crée ; c'est lui-même qui se soutient par conséquent. Nous sommes
victimes en l'oubliant de notre incurable réalisme, ou si l'on veut,
de notre imagination : la terre (réelle) va s'effondrer si l'éléphant
que nous avons imaginé pour la soutenir est enlevé (en imagination).
La Fontaine, avec son irrévérence voilée de bonhommie a bien
senti la chose dans sa fable « le Statuaire et la statue » :

Il sera dieu ; même je veux
Qu'il ait en sa main un tonnerre.
Tremblez, humains ; faites des vœux
Voilà le maître de la terre.

Même l'on dit que l'ouvrier
Eut à peine achevé l'image
Qu'on le vit frémir le premier
Et redouter son propre ouvrage.

Pratiquement, lorsque j'entends certaines personnes me dire :
« Moi, si je ne croyais pas en Dieu, je serais un chenapan ! » je
crois qu'elles sont absolument injustes envers elles-mêmes. D'abord,
elles n'en savent rien et n'ont pas fait l'expérience ; et ensuite elles
ne croiraient pas en un Dieu moral sans le fonds de moralité qui est
la base même de leur croyance.

En second lieu on invoque l'intérêt, en associant au bien et au
mal moral l'idée des sanctions de la vie future. En d'autres termes
on résout par une sorte de coup de force imaginatif le problème de
faire coïncider l'intérêt individuel et le devoir. Au lieu de dire : « Il
faudrait que cela fût », on dit : « Cela est ». Soit : il est impossible
de nier que cette conviction ait des effets pratiques réels dans la
conduite de bien des gens. Mais prenons garde qu'on prétend aller
plus loin et affirmer que la morale *exige* cette croyance. Or dire
qu'elle est *nécessaire* à la morale, c'est postuler que *seul l'égoïsme*
peut déterminer la volonté humaine. Or non seulement un tel
postulat est la négation même de la moralité véritable, mais il n'est
même pas vrai psychologiquement. Sans m'attarder à le prouver, je
rappelle seulement que d'une part l'intérêt le plus positif et le plus
certain est souvent impuissant à décider la volonté humaine, plus
facilement entraînée par la passion que déterminée par le calcul : et
qu'inversement la sympathie et les sentiments qui en découlent sont
aussi naturels que l'égoïsme. Tout le XVIIIe siècle a été dominé par
une fausse théorie de l'égoïsme primitif et seul primitif, théorie
commune à ceux qui le combattaient et à ceux qui s'en accom-
modaient. Cette théorie n'est d'ailleurs que la suite des doctrines
théologiques de Luther et de Jansénius. Mais elle est controuvée
psychologiquement. Aug. Comte a vu beaucoup plus clair en
reconnaissant que si les sentiments « altruistes » ont constamment
besoin d'être fortifiés par l'éducation, ils ont, tout comme les
sentiments égoïstes, leur existence propre et originelle. Point
capital : car je demanderais aux théologiens comment ils pourraient
nous proposer d'aimer Dieu, si d'une manière générale, nous
n'étions pas capables d'aimer !

Enfin, la troisième des forces qui peuvent être mises au service
de la volonté morale, et qui est d'ailleurs au fond de toutes les
autres, c'est l'habitude. Celle-là est à la disposition de tous, puisqu'elle est la ressource essentielle de l'éducation.

Or on ne tient d'ordinaire pas un compte suffisant, lorsqu'on
oppose la morale religieuse à la morale laïque, du rôle capital qu'y
joue le système soigneusement et assidûment formé des habitudes
mentales organisées par la pédagogie religieuse. J'ai montré ailleurs
que la religion peut en grande partie être considérée comme une
méthode de pédagogie morale et que cette méthode est constituée
par un vaste système de symbolisme et de transferts, qui aux

réalités de la vie et aux objets positifs de notre activité morale substitue les représentations religieuses. La pratique religieuse est comme un *langage* dans lequel la morale se traduit.

Loin de moi l'idée de méconnaître la valeur pratique de cet ensemble de procédés. Il offre en particulier l'avantage de permettre auprès de l'enfant d'anticiper sur l'expérience de la vie, qui lui fait défaut, et aussi de laisser à l'éducation morale une certaine stabilité dans ses formes en dépit de la complexité et de la variabilité des exigences de la pratique réelle.

Mais il ne suffit pas qu'un système soit commode pour être justifié. Il faut aussi qu'il ne compromette pas l'avenir. Or ce système est solidaire d'un ensemble de croyances qu'on suppose établies, mais qu'on ne peut se flatter de maintenir toujours intactes. On profite de ce qu'elles ont pour elles la force d'une longue tradition, et de ce que l'enfant y est accoutumé à un âge où son esprit critique n'est pas éveillé. C'est une situation privilégiée qui ne durera peut-être pas toujours. En tout cas, il faut bien voir que la solidarité établie entre les règles de la morale et cet ensemble de croyances et de pratiques est tout entière due à l'éducation ; et par conséquent le succès ainsi obtenu ne prouve absolument rien quant à la valeur ni surtout à la nécessité intrinsèque de ces croyances. Il est très remarquable que, si le Christianisme primitif ne contient à peu près aucun système de régulation quant à la famille, la propriété, l'Etat, etc., il ne contient encore non plus qu'une forme extrêmement générale de motivation morale, extrêmement éloignée de l'organisation actuelle de la pédagogie chrétienne, si complexe, si variée, si habile. Celle-ci s'est formée peu à peu, et elle a demandé des siècles pour se constituer sous la forme où nous la connaissons. Cela suffit à faire sentir combien serait arbitraire l'affirmation que cette forme de motivation morale soit intrinsèquement nécessaire et indispensable à l'éducation.

En résumé, le lien est extrêmement lâche et incertain : 1° entre la doctrine métaphysique et l'idée même de la morale ; 2° entre cette doctrine et les règles du code moral ; 3° entre les croyances métaphysico-religieuses et la motivation morale qu'on veut en faire dépendre.

II. — PARTIE POSITIVE

Nous suivrons le même ordre dans l'exposition de notre conception des fondements positifs de la morale.

1° Comment tout d'abord comprenons-nous l'existence même d'une morale ? L'essentiel, en particulier dans l'enseignement de la morale, est de faire apparaître nettement que la morale n'est pas quelque chose d'arbitraire, qu'elle ne tombe pas des nues, comme un impératif sans rapport avec la nature humaine et ses conditions d'existence ; qu'elle n'est pas davantage une pure invention de philosophes émanant du « Phrontistère », d'un Socrate ou d'un Kant. La morale n'est *fondée* que si elle a ses racines dans une réalité certaine et non dans une opinion particulière.

C'est ce que, en un certain sens les métaphysiciens ont bien compris. Mais à vouloir chercher trop loin ou trop haut cette racine, ils perdaient entièrement le bénéfice de la vérité ainsi entrevue ; et de nouveau ils suspendaient la morale, non à la réalité, mais à des opinions extrêmement variables et précaires sur la réalité.

On peut dire que le seul point certain, dans l'ordre des idées métaphysiques c'est cette certitude toute négative : l'individu n'est pas *seul,* il est débordé de toutes parts par l'Univers, et par conséquent aussi, *il ne peut pas tout.* En un mot il n'est pas un absolu et ne peut pas se traiter comme tel. On peut dire que cela est une vérité métaphysique, si l'on veut ; mais j'aime mieux dire que *c'est un fait* et non pas une opinion discutable, ni une doctrine particulière.

Mais, bien qu'essentielle et primordiale, cette vérité ne nous donne aucune lumière sur la nature de cette morale. Si nous voulons la fonder dans le réel, force nous est de rechercher, *dans les faits,* encore une fois, et non pas dans une doctrine, où, quand, et comment nous voyons apparaître la morale. Or nous n'en trouvons pas trace dans la nature extérieure, dans le monde physique, et une telle idée ne présente aucun sens à notre esprit. A peine, par régression et par analogie, pourrions-nous parler d'une morale dans l'animalité ; mais, puisqu'en définitive c'est pour l'humanité et non pour les castors ou les fourmis que nous cherchons une morale, nous n'avons pas grand profit à la chercher hors de l'humanité.

C'est donc à l'humanité et non à l'Univers en général qu'il nous faut intégrer la morale. Mais à quelle humanité ? Car l'Humanité cherche à devenir un Tout réel, mais elle ne l'est pas encore, il s'en faut ! Nous ne voyons apparaître la morale que dans une Société plus ou moins organisée, plus précisément, dans les rapports de l'individu avec la société dont il fait partie. Cela encore est *un fait.*

On m'objectera peut-être, et ici, je me tourne vers les Kantiens ou vers mon excellent collègue M. Parodi : « Vous n'allez pas au fond des choses ; car enfin si l'homme n'était pas raisonnable, il n'y aurait pas même pour lui de Société, et à plus forte raison, il ne concevrait pas la nécessité d'un certain ordre social, de certains rapports organisés dans ce « monde » particulier qu'est une société. La Raison, voilà donc le véritable fondement de la morale ».

Je n'ai vraiment rien à répondre là contre. Mais je remarque

simplement que cette observation serait par elle-même tout à fait stérile. On s'en convaincra aisément par une comparaison avec la science : sans la raison, il n'y aurait pas non plus de science, évidemment ; mais à elle toute seule la raison ne fera naître aucune connaissance scientifique, elle ne fondera aucune science. Celle-ci ne doit donc sa réalité qu'à l'intervention de l'expérience. De même, sans la raison, pas de morale, assurément ; en d'autres termes, il faut d'abord, pour qu'il y ait une morale humaine, que l'homme soit homme. Mais c'est l'expérience seule qui nous montre quelles sont les conditions qui font naître en effet la morale, non dans la généralité de sa forme « raisonnable », mais dans la réalité spécifique de sa nature concrète.

Cet empirisme moral, remarquons-le en passant, a au moins cet avantage que, même alors que nous ne comprenons pas encore telle ou telle prescription de la morale, comme l'interdiction de l'inceste ou la règle monogamique, nous sommes avertis de ne pas la considérer comme arbitraire ; nous sommes prévenus contre un scepticisme ou un anarchisme téméraires.

2º La régulation, dès lors, n'est plus, dans une théorie semblable, détachée du principe. Toutes les morales sont données, en fait avec une certaine régulation déterminée qu'on pourra s'expliquer, et même, par rapport au milieu considéré, justifier.

Mais, dira-t-on, il y a des divergences, des contradictions...? L'objection est bien vieille et l'on hésite à en recommencer la discussion. Ce sont d'ailleurs moins les divergences qui constituent la difficulté (car elles peuvent être justifiées par la diversité des conditions) que les aberrations, révélées telles par l'expérience même, qui en montre après coup l'absurdité. En d'autres termes, si, en gros, l'empirisme moral, comme nous l'indiquions, nous dispose à admettre qu'une règle existante a sa raison d'être, si, en gros nous devons bien croire que les hommes font ce qu'il faut puisque, après tout, l'humanité a vécu et même progressé, cependant l'histoire même nous montre que dans bien des cas, il y a eu des tabous absurdes ou malfaisants, des obligations sans portée qui embarrassent l'activité humaine et l'oppriment sans aucun profit. Comment en serait-il autrement, puisque les règles morales s'établissent par un tâtonnement plus instinctif que réfléchi, et ne tombent pas toutes faites du ciel ou du haut d'une autorité infaillible ? L'Humanité se fait à elle-même sa morale, comme elle peut, elle la cherche, et ce qui fait sa noblesse c'est précisément cet effort qui ne peut aller sans erreur. N'en est-il pas de même de la science, et pourquoi, en dehors d'un dogmatisme qui n'est plus de mise, s'irriterait-on, comme Pascal, de ce que, pour être libre, l'humanité s'expose à errer, et de ce que, progressive, elle n'a pas atteint la formule de sa perfection ?

Il est donc tout à fait naturel que l'expérience et la réflexion soient appelées à rectifier en chaque instant la morale donnée en fait. Mais ici surgit une difficulté très réelle. D'après quoi, d'après quel idéal pouvons-nous donc opérer de telles corrections ? Possédons-nous donc par devers nous la notion d'un tel idéal pour l'opposer au réel ? Car au bout du compte il n'y a de morale que parce que nous ne pouvons nous contenter, dans le monde humain lui-même, de ce qui nous est donné, et que cela n'est pas seulement vrai de la conduite réelle des hommes, qui contient le mal avec le bien, mais des règles elles-mêmes de cette conduite telles qu'elles sont admises dans la société qui nous entoure.

Nous n'avons pas d'autre moyen de répondre à une telle question que de tâcher de saisir, sous toutes les régulations qui la recherchent en tâtonnant, la volonté la plus profonde de l'humanité. Seul, en effet, contrairement à l'idée superficielle qu'on a d'ordinaire de l'Obligation, un Vouloir peut fonder un Devoir. Une obligation véritable ne peut venir du dehors; elle ne serait alors qu'une contrainte sans valeur morale.

De cette volonté profonde de l'homme, je me contenterai d'indiquer quelques formes typiques, où l'on reconnaîtra facilement certains aspects connus de la philosophie morale.

Il y a d'abord, puisque, par hypothèse, il s'agit de l'homme qui réfléchit, la volonté de penser, de savoir, de comprendre. C'est en quelque sorte la plus intérieure, la moins directement *pratique*. Pourtant elle peut se traduire aussi dans l'action, et sans en dire plus long, je rappelle l'exemple de Socrate et celui de Descartes comme ceux d'hommes qui ont *vécu pour penser*. C'est sans doute là un type exceptionnel, dans sa pureté, mais qu'on retrouverait, plus ou moins effacé, dans d'autres cas.

Il y a ensuite, cette volonté d'être qui s'affirme pour l'esprit dans la domination du corps et dans l'acquisition de cette forme élémentaire, mais essentielle de la liberté. Plus particulièrement, la volonté de dominer l'animalité qui est en nous et d'instaurer dans notre personne une véritable humanité.

Au-dessus, on découvrirait cette volonté, si ancienne dans l'humanité, mais longtemps hésitante, parce qu'impuissante, si caractéristique au contraire de l'âge moderne, de dominer la nature extérieure, de l'asservir aux fins humaines, et, pour ainsi dire, de l'humaniser ainsi. C'est par là que tout l'effort technique et industriel, si souvent considéré comme absolument étranger à la moralité, peut s'y rattacher.

Mais à cette volonté fait suite celle de réaliser dans la société humaine elle-même plus de justice, parce que l'injustice est, le plus souvent peut-être, l'effet des fatalités extérieures et de l'*inhumanité* de la nature. La protection de l'enfant, de la femme, du vieillard, du faible en général est l'aspect le plus commun de cette forme de volonté morale.

Enfin, et je voulais terminer par là, parce que c'est ce qui me paraît définir ce qu'il y a de plus spécifique dans la moralité, nous reconnaîtrons la « volonté de société » c'est-à-dire, non seulement la volonté de vivre en société, mais la volonté de réaliser la société qui soit le plus société possible. Je ne puis faire ici qu'indiquer cette idée, qui demanderait un long développement. Il est très clair cependant que si nous ne voyons la moralité naître que dans la société, c'est qu'en définitive la société même est l'objet propre de la moralité. Pourquoi cela ? C'est que, en définitive la Société est le moyen de toutes les fins proprement humaines que nous pouvons nous proposer. Les autres formes que j'ai énumérées, de la volonté profonde de l'humanité, peuvent s'intégrer à cette volonté dernière, la préparer ou la consolider. Celle-ci, suivant moi du moins est la volonté spécifiquement morale, celle qui confère aux autres la valeur morale qu'on peut leur reconnaître.

3º Comme, dans la conception que j'expose la régulation morale fait naturellement suite à la reconnaissance et à l'explication même de la morale, de même, la motivation ne sera pas ici, comme dans les morales religieuses surajoutée du dehors à la régulation.

Toutes les formes de volonté humaine profonde que j'ai passées en revue sont en un sens primordiales ; elles ne sont pas immédiates dans l'individu. Il s'agit de les amener à sa conscience, ce qui revient à dire : il s'agit de faire de l'enfant un homme, de l'être humain biologique un homme véritable. Mais comment y arriver ? Dans une récente conférence faite ici même, et c'est une chose que j'ai entendu maintes fois répéter, on parlait comme si nous pouvions puiser au dehors, comme dans un réservoir une force que nous ne posséderions pas. J'avoue que je n'arrive pas à comprendre ce langage, ni surtout, si un pareil fait psychologique est possible, pourquoi la morale religieuse aurait le privilège d'y avoir recours. Je me souviens que, dans ma jeunesse, après avoir lu l'histoire de Thraséas, pour laquelle je m'étais pris d'enthousiasme, je me promis de sourire pendant tout le temps que durerait une petite opération chirurgicale que j'avais à subir. J'y réussis. Dira-t-on que Thraséas m'avait donné une force que je ne possédais pas ? Je veux bien ; mais il est évident que ce n'est là qu'une manière de parler. En tout cas on voit que la morale la plus laïque n'est nullement privée de ces moyens d'action qui résultent de ce que la perfection s'irradie en tout homme qui se reconnaît homme. Comment tant de personnalités qu'on aurait pu croire médiocres dans la vie ordinaire se sont-elles montrées, pendant la guerre, capables des plus hauts faits d'héroïsme ? N'est-ce pas que, témoins de tels actes, elles se disaient plus ou moins consciemment : Et moi aussi je suis homme !

La théorie de la Grâce est une théorie très profonde, et qu'il ne faut nullement mépriser. Mais il faut l'interpréter et elle comporte une interprétation tout à fait positive. Il est très vrai qu'en un sens la Grâce, en tant qu'elle résulte des grands exemples, ou même plus généralement de l'ordre social qui nous soutient constamment, nous vient du dehors ; mais il est vrai aussi qu'elle n'agit que dans la mesure où nous sommes préparés à recevoir et à accepter son action. Elle est à la fois gratuite et méritée. Elle est peut-être nécessaire, car un individu pourrait-il se prétendre capable d'arriver par lui-même au plus haut point de la vertu humaine sans l'immense préparation qu'il doit à l'humanité qui le précède et à celle qui l'entoure, à l'hérédité et à la société ? Et cette grâce est coopérante sans être jamais contraignante.

Et comme il y a une théorie positive de la Grâce, il y aurait aussi une théorie positive de la Foi. Il y a en effet du risque et de l'incertain dans toute action, et l'idée d'une certitude morale absolue, vraie d'une vérité pour ainsi dire mathématique est inconcevable. Mais en réalité, je risque beaucoup moins de me tromper dans la plupart de mes décisions morales que dans mes décisions financières ou médicales. Seulement d'une part, s'il y a pratiquement, du risque, je ne transforme pas ce risque en un risque intellectuel : je ne m'aventure pas à *affirmer* ce que je ne sais pas. Il n'y a dans cette foi morale rien de mystique, puisqu'elle ne dépasse en aucune façon le domaine d'une expérience possible.

Enfin, je tiens à le dire, puisque je rencontre constamment cette objection, tout à fait dépourvue de fondement : une morale positive et en ce sens rationnelle, n'est nullement privée de la ressource du sentiment, pas plus que la religion n'en a le monopole. On dirait, à entendre les défenseurs de celle-ci, que tout le sentiment dont la morale et l'éducation ont besoin se concentre dans la forme religieuse. Assertion absolument arbitraire, puisqu'il y a nombre de sentiments très puissants sur le cœur et sur la volonté des hommes qui ont un objet parfaitement positif et n'affectent nullement le caractère religieux ; tandis que les sentiments que la religion met en mouvement sont des sentiments très spéciaux, développés par une éducation d'un genre tout particulier, mais qui ne s'imposent pas « à tout homme venant en ce monde ».

.'.

Je puis conclure cette trop longue étude : l'ampleur de la question que vous m'avez imposée en excusera l'étendue.

Je voudrais seulement vous avoir convaincu de deux choses essentielles. La première, que non seulement la morale dite « laïque », c'est-à-dire la morale qui est la morale tout court, est aussi bien « fondée » qu'une autre, mais qu'elle est plus consistante,

puisqu'en elle se rejoignent et s'organisent sans aucune discontinuité les trois aspects de la morale que j'ai distingués : le principe
même de son existence, le contenu de ses règles, le système de ses
motifs. Ailleurs, au contraire, il y a entre ces trois éléments de
toute philosophie morale une discontinuité choquante qui enlève
toute solidité à l'ensemble. Dès lors laquelle est la mieux « fondée »?

En second lieu j'espère vous avoir fait sentir que, dans le
problème du fondement de la morale, on sacrifie d'ordinaire à la
préoccupation d'une justification théorique et spéculative le sentiment du rôle capital de l'éducation. On attribue à la vertu propre
d'un ensemble de conceptions un succès qui en réalité ne repose
que sur un effort éducatif prolongé. S'il en est ainsi, on n'a aucun
droit d'opposer à la morale positive sa prétendue inefficacité. La
puissance de l'éducation ne dépend pas des croyances mises en
œuvre. Elle est à la disposition de chacun ; et il serait vraiment
trop paradoxal que l'éducation morale ait pu réussir en adoptant la
voie indirecte de croyances incertaines, peu accessibles, remplies
de difficultés de tout ordre, et en tout cas fort éloignées de la
morale elle-même, et qu'elle soit condamnée à échouer alors qu'elle
s'appuyerait sur toute l'expérience humaine, sur tout ce qui constitue la volonté profonde de l'humanité vivante dans sa marche
séculaire.